Andrea Schomburg
Dorothee Mahnkopf

1 · 2 · 3

so kann es gehn,
eben waren es
noch zehn!

TULIPAN VERLAG

Frau Meier hat 'ne Riesenschlange
und die hat sie schon ziemlich lange.
Die Schlange, die heißt Annerose.
Frau Meier strickt ihr eine Hose.

Frau Meier hat zwei blaue Katzen,
die dürfen nicht die Couch zerkratzen.
Sie heißen Fine und Hermine
und spielen auf der Violine.

Frau Meier hat drei Pinguine,
die wohnen in der Duschkabine.
Sie haben einen weißen Bauch
und springen Springseil mit dem Schlauch.

Frau Meier hat vier alte Eulen,
die fangen abends an zu heulen,
weil ihnen, wenn der Nachtwind saust,
vor ihren eignen Märchen graust.

Frau Meier hat fünf Zwergkaninchen,
die hüpfen auf dem Trampolinchen,
ganz leise, dass sie keinen stören,
und schnitzen dabei Kunst aus Möhren.

Frau Meier hat sechs Streifenhörnchen,
die putzen sorgsam jedes Körnchen
und jedes kleinste Stäubchen weg,
sie hassen nämlich Schmutz und Dreck.

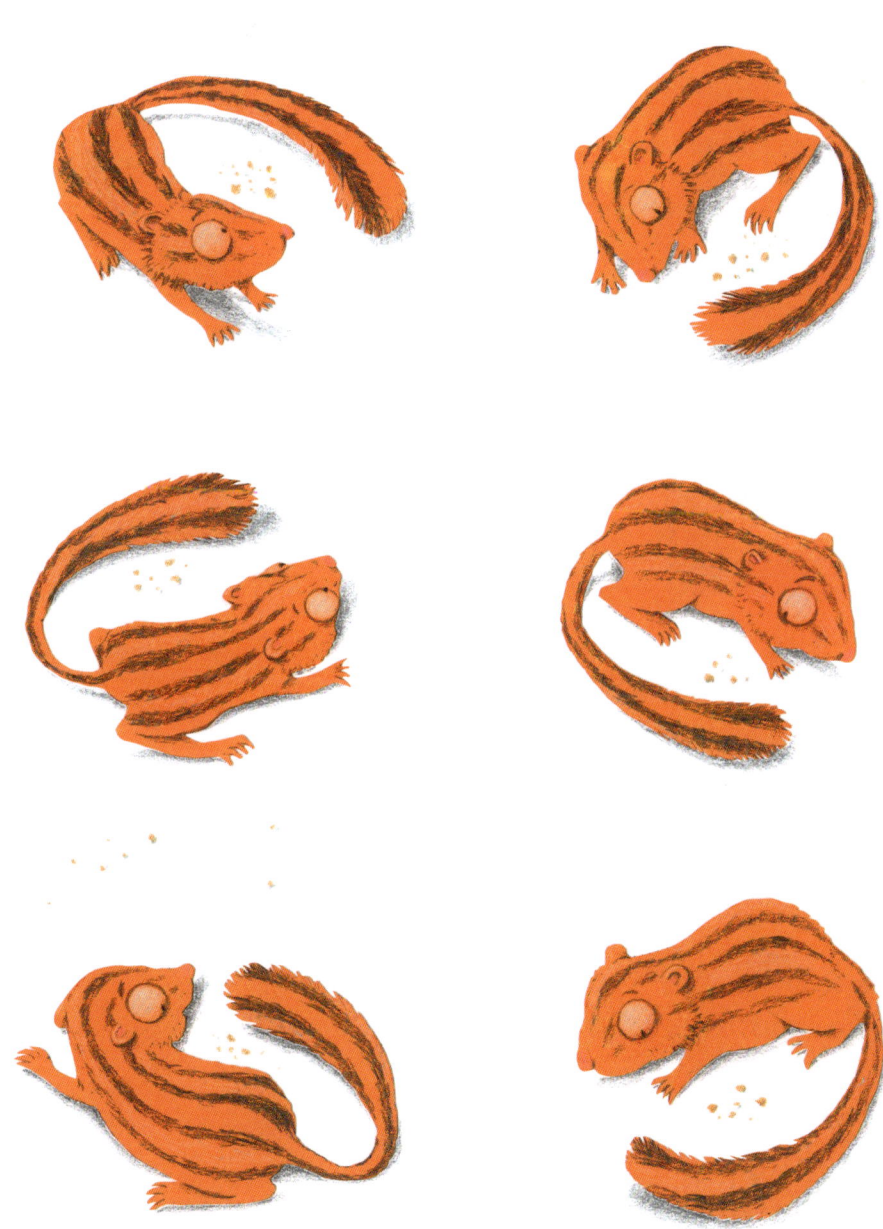

Die sieben Frösche hat Frau Meier
gerettet alle vor dem Reiher.
Sie quaken: „Danke sehr! Wie nett!",
und tanzen für sie Froschballett.

Frau Meier hat auch noch acht Mäuse,
die wohnen in dem Uhrgehäuse.
Sie mögen Speck, ganz kross gebraten,
und waren früher Akrobaten.

Glühwürmchen hat Frau Meier neun,
das ist der Glühwurm-Leuchtverein.
Sie leuchten, dass es nur so kracht,
besonders gern um Mitternacht.

Frau Meier hat dann noch zehn Schnecken,
die sie am Morgen niemals wecken,
sie flüstern aus dem Schneckenhaus:
„Du hast viel Zeit, drum schlaf dich aus!"

Die Tiere brauchen was zu essen:

Fisch, Möhren, Nüsse nicht vergessen …

Frau Meier hat es aufgeschrieben.

„Bis nachher dann. Seid brav, ihr Lieben!"

„Ich wett', ich kann euch alle schlucken,
schlapp-schlapp, so schnell könnt ihr nicht gucken.
Ich schluck euch runter wie Tabletten!"
„Das klappt nie, Annerose!" – „Wetten?"

„Nein, Annerose, also echt!

Du weißt doch, dir wird so leicht schlecht!

EINMAL ist man kurz nicht zu Haus …

Jetzt aber alle wieder raus!"

Zehn Schnecken schleichen schlapp ans Licht.
„Sind ja schon draußen! Hetz uns nicht!"

Hier schwirrt der Glühwurm-Leuchtverein.
Schnell zählen! Sind es wirklich neun?

Acht Mäuse kommen rausgeschnauft.
„Frau Meier, hast du Speck gekauft?"

Die sieben Frösche woll'n ins Bett
und tanzen heut kein Froschballett.

Sechs Streifenhörnchen, recht verschmutzt:

„Da drin, da wird wohl nie geputzt!"

Ganz leise hoppeln fünf Kaninchen.
„Jetzt erst mal etwas Medizinchen!"

Vier Eulen heulen ohne Pausen.

„Huhu, da drin war's echt zum Grausen!"

„Los, Leute, kommt mal in die Puschen!"
Drei Pinguine gehen duschen.

Als Letzte schließlich die zwei Katzen.
„Müsst ihr mir so im Halse kratzen?"

Und eine Schlange, stolz und schlaff:

„Hab gleich gesagt, dass ich das schaff."

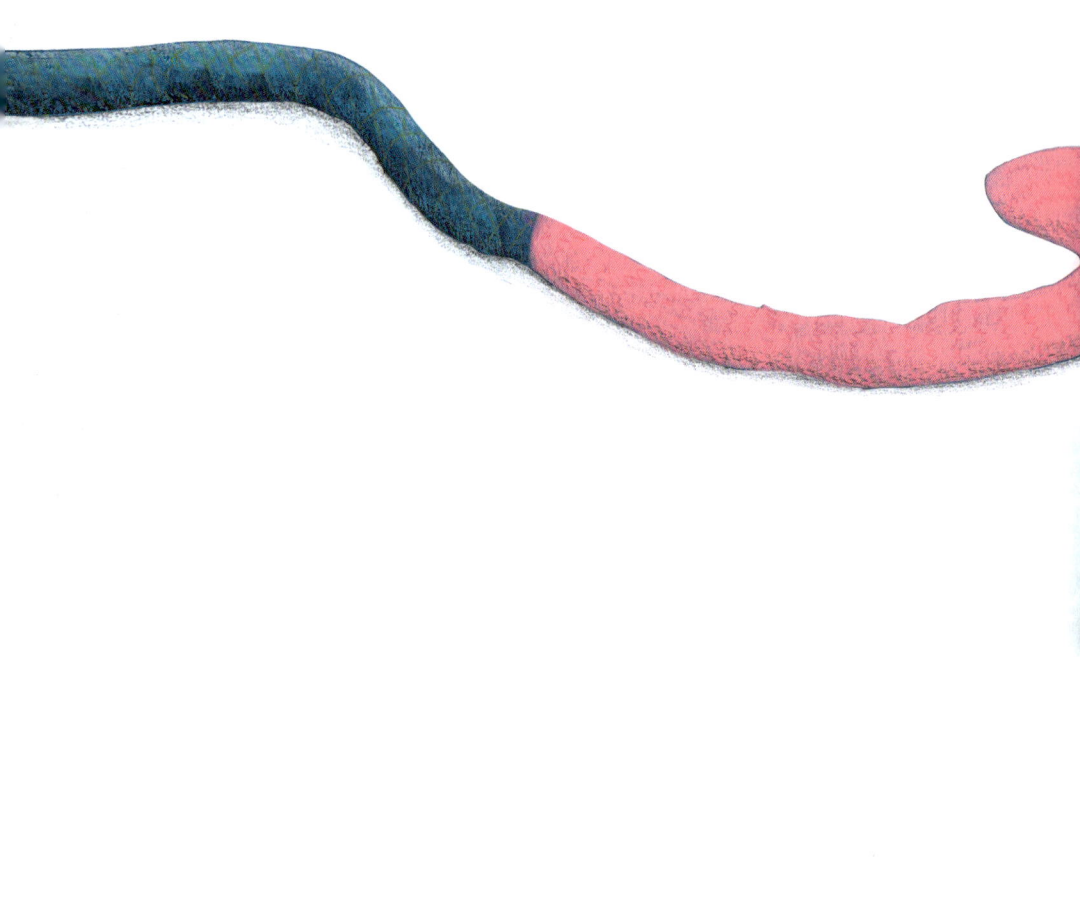

Andrea Schomburg ist in Kairo geboren und im Rheinland aufgewachsen. Solange sie denken kann, schreibt sie Gedichte. Ein erster Lyrikband erschien 2007, weitere folgten. Ihre Gedichte, Chansons und Prosasketche performt sie in lyrischen Kabarettprogrammen. Bevor sie Kinderbuchautorin wurde, arbeitete sie lange als Lehrerin an einem Hamburger Gymnasium. Seit 2012 ist sie Lehrbeauftragte an der Leuphana-Universität Lüneburg. Andrea Schomburg lebt in Hamburg.

Dorothee Mahnkopf, 1967 in Berlin geboren, hat Visuelle Kommunikation in Offenbach studiert. Seit über 15 Jahren arbeitet sie als freiberufliche Illustratorin und hat mehrere Schul-, Kinder- und Bastelbücher für Verlage gezeichnet, außerdem Bilder für Tageszeitungen und Magazine. Dorothee Mahnkopf lebt in Rheinland-Pfalz.

Besucht uns auf Facebook und Instagram!

© Tulipan Verlag GmbH, München 2017
Alle Rechte vorbehalten
1. Auflage 2017
Text: Andrea Schomburg
Bilder: Dorothee Mahnkopf
Vermittelt durch die Literarische Agentur Barbara Küper
Gestaltung: Anette Beckmann
Druck: Grafisches Centrum Cuno GmbH & Co. KG, Calbe
ISBN 978-3-86429-383-2

T LIPAN ABC – Literatur für Erstleser

„Ungewöhnlich und literarisch anspruchsvoll – so präsentiert
sich das Erstleseprogramm des Tulipan Verlags."
spielen und lernen

Lesestufe A ab 6 Jahren

Lesestufe A ab 6 Jahren

Lesestufe B ab 7 Jahren

TULIPAN-Newsletter
Tolle Lesetipps kostenlos per E-Mail!
Mehr auf www.tulipan-verlag.de